LE PETIT LOUP BLEU

Copyright 2023 © Camilla Rossi
Tous droits réservés
ISBN: 9798861293181
camilla.storie@gmail.com

LE PETIT PIKE ÉTAIT UN LOUP TRÈS SPÉCIAL. IL ÉTAIT GENTIL, DOUX ET RIGOLO, MAIS CE QUI LE RENDAIT VRAIMENT UNIQUE, C'ÉTAIT SA FOURRURE BLEUE. DANS SA MEUTE, IL N'Y AVAIT AUCUN AUTRE LOUP AVEC LA MÊME COULEUR DE PELAGE QUE LUI.

CEPENDANT, ÇA LE FAISAIT SE SENTIR DIFFÉRENT, COMME S'IL N'ÉTAIT PAS À SA PLACE. ÇA LE RENDAIT TRÈS TRISTE.

«MA COULEUR EST DIFFÉRENTE DE CELLE DE MES PETITS FRÈRES ! ILS NE VOUDRONT MÊME PAS JOUER AVEC UN LOUP BLEU COMME MOI!» DIT PIKE EN REGARDANT LES AUTRES LOUVETEAUX, TOUS GRIS.

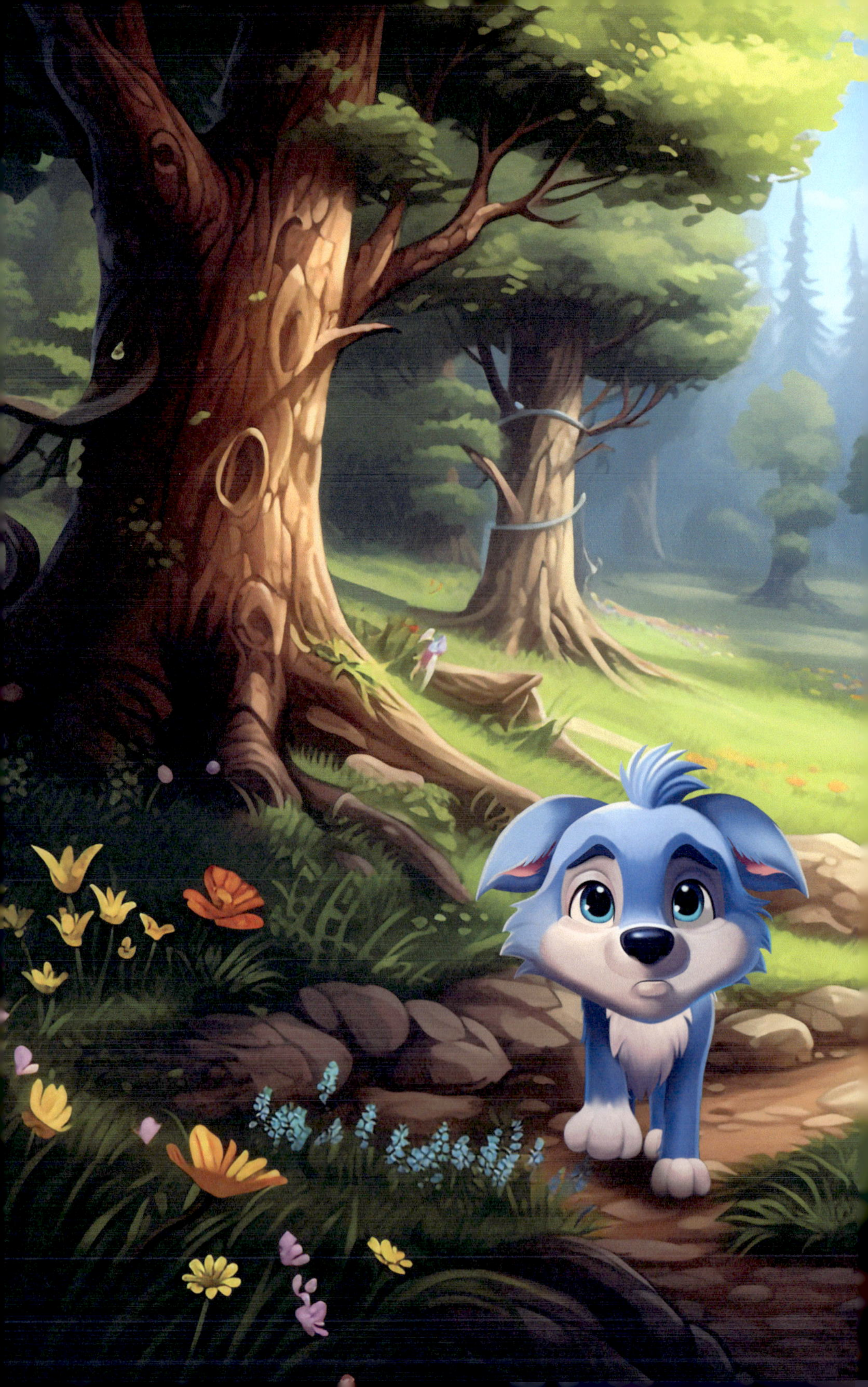

IL DÉCIDA ALORS DE S'ENFUIR ET DE PARTIR LOIN DANS LA FORÊT. «JE DOIS M'ÉLOIGNER D'EUX AUTANT QUE POSSIBLE! COMME ÇA, ILS NE REMARQUERONT PLUS MON PELAGE BLEU!» PENSA PIKE, LE MUSEAU TOUJOURS TRISTE.

EN MARCHANT, DÉSESPERÉ, IL ENTENDIT DES VOIX JOYEUSES DERRIÈRE UN ARBRE. «QU'ILS SONT BEAUX CES RENARDS !» S'ÉCRIA LE PETIT LOUP. «MAIS ILS SONT TOUS ORANGES...»

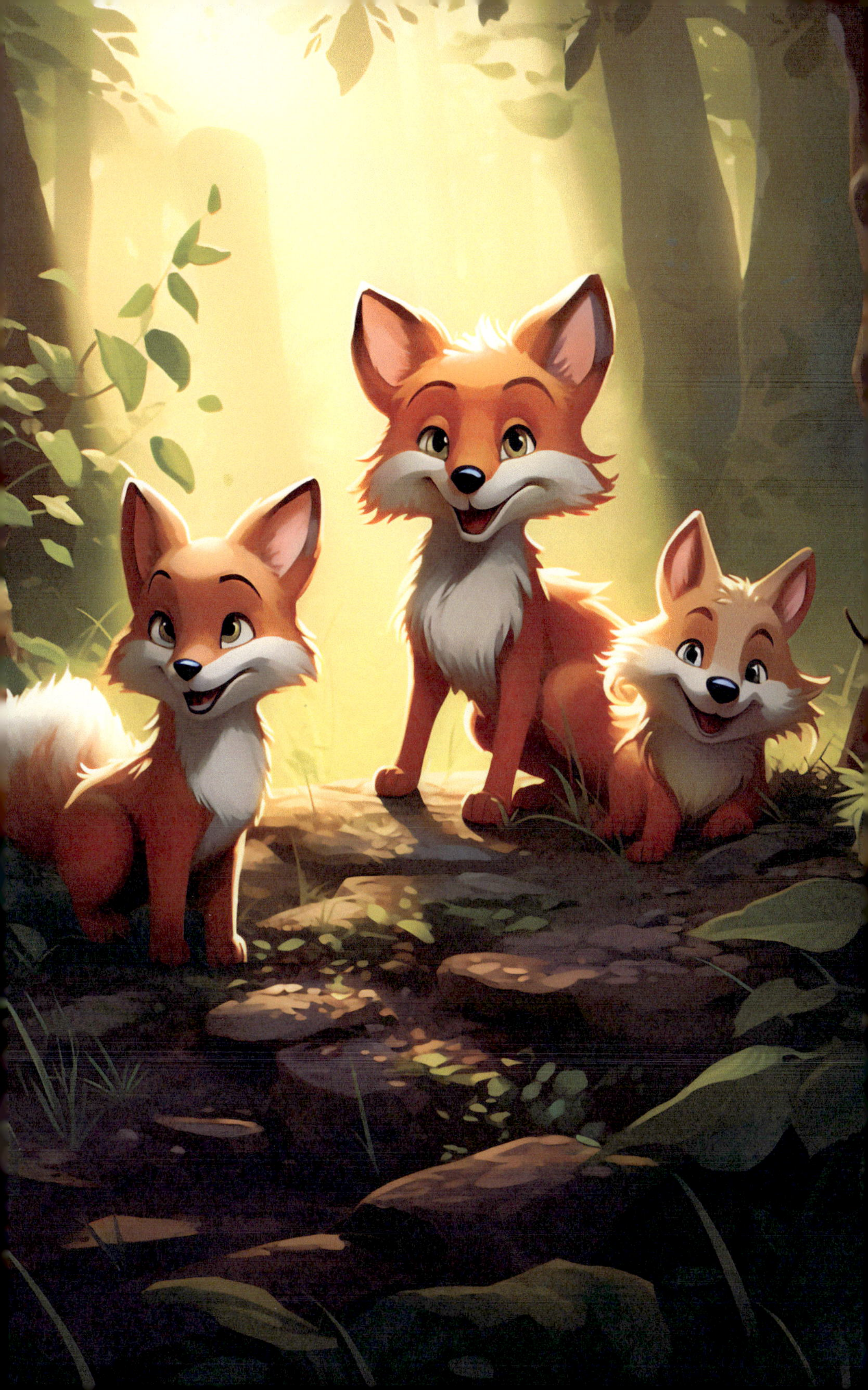

ALORS IL COURUT ENCORE PLUS LOIN ET VIT TROIS PETITES SOURIS QUI CHANTAIENT ENSEMBLE. «ELLES ONT L'AIR SI HEUREUSES! CES SOURIS ONT DE LA CHANCE D'ÊTRE TOUTES PAREILLES ET DE LA MÊME COULEUR!» DIT PIKE.

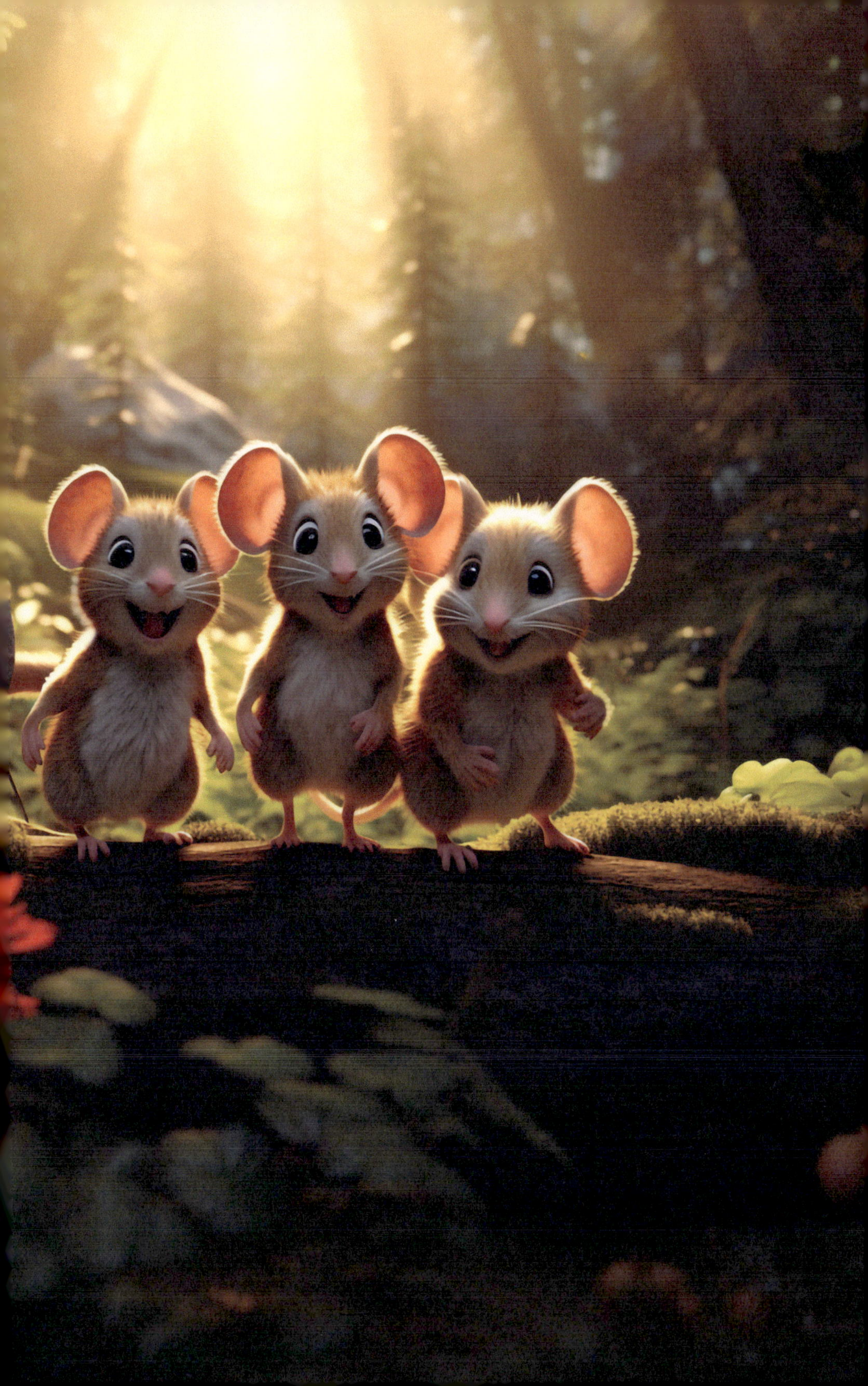

LE PETIT LOUP CONTINUA À COURIR DANS LA FORÊT ET, TOUT À COUP, IL RENCONTRA TROIS PETITS LAPINS AVEC LES OREILLES BIEN DRESSÉES.

«PEUT-ÊTRE QUE CES LAPINS ONT PEUR D'UN LOUP TOUT BLEU. JE VAIS ME CACHER DERRIÈRE CET ARBRE!» PENSA PIKE, TOUT TRISTE.

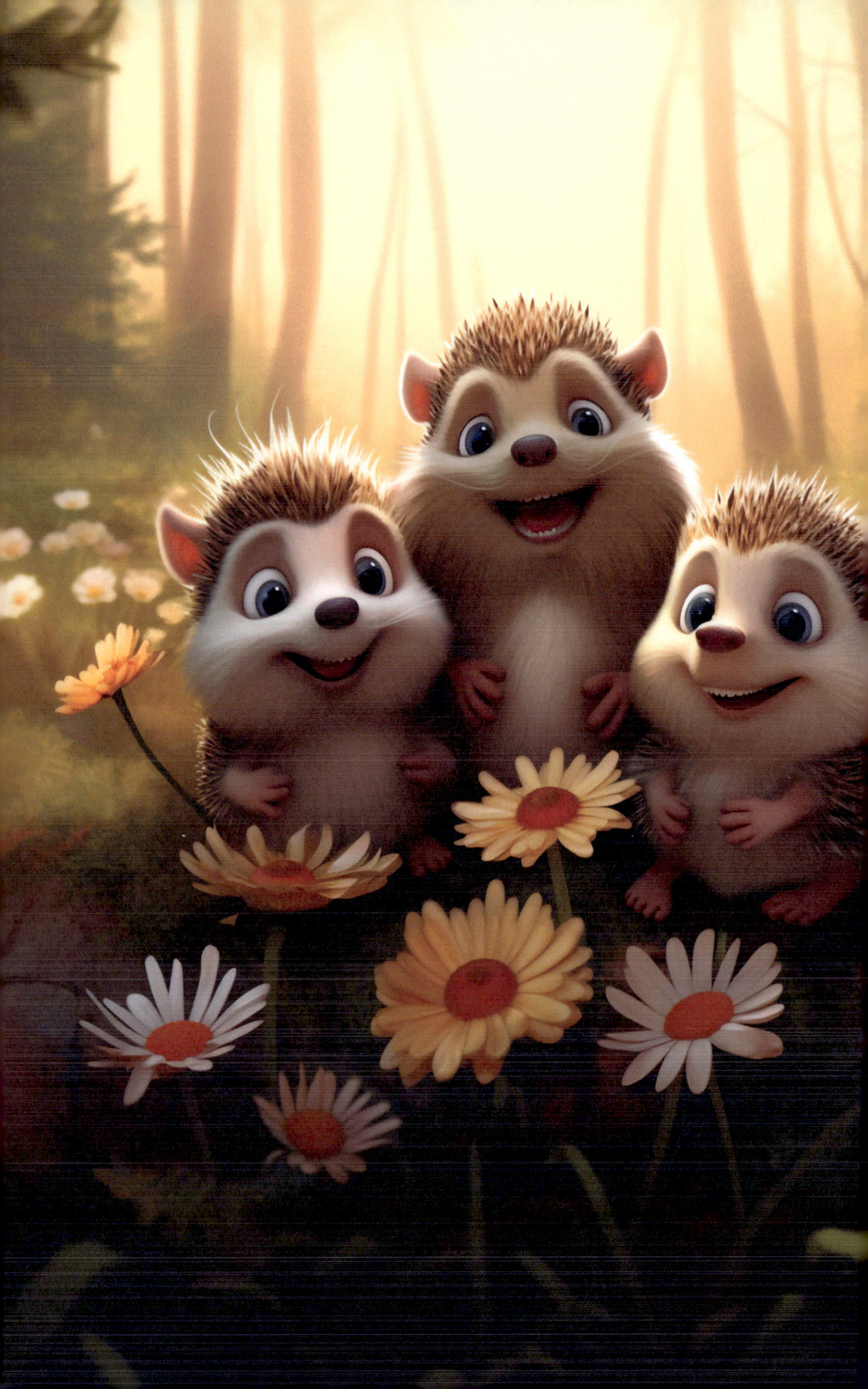

LE PETIT PIKE MARCHAIT, ABATTU, ET À CHAQUE FOIS QU'IL VOYAIT UN NOUVEAU GROUPE D'ANIMAUX, IL SE SENTAIT ENCORE PLUS TRISTE. «VOILÀ, EUX AUSSI SONT TOUS PAREILS...» DIT LE LOUP EN REGARDANT UN GROUPE DE PETITS HÉRISSONS DANS LE PRÉ.

LES CHOSES NE S'AMÉLIORÈRENT PAS QUAND IL VIT UN GROUPE D'OURS BRUNS QUI JOUAIENT ET S'AMUSAIENT DANS LA RIVIÈRE. «JE ME SENS SI SEUL. VRAIMENT TRÈS SEUL...» PENSA PIKE TOUT BAS.

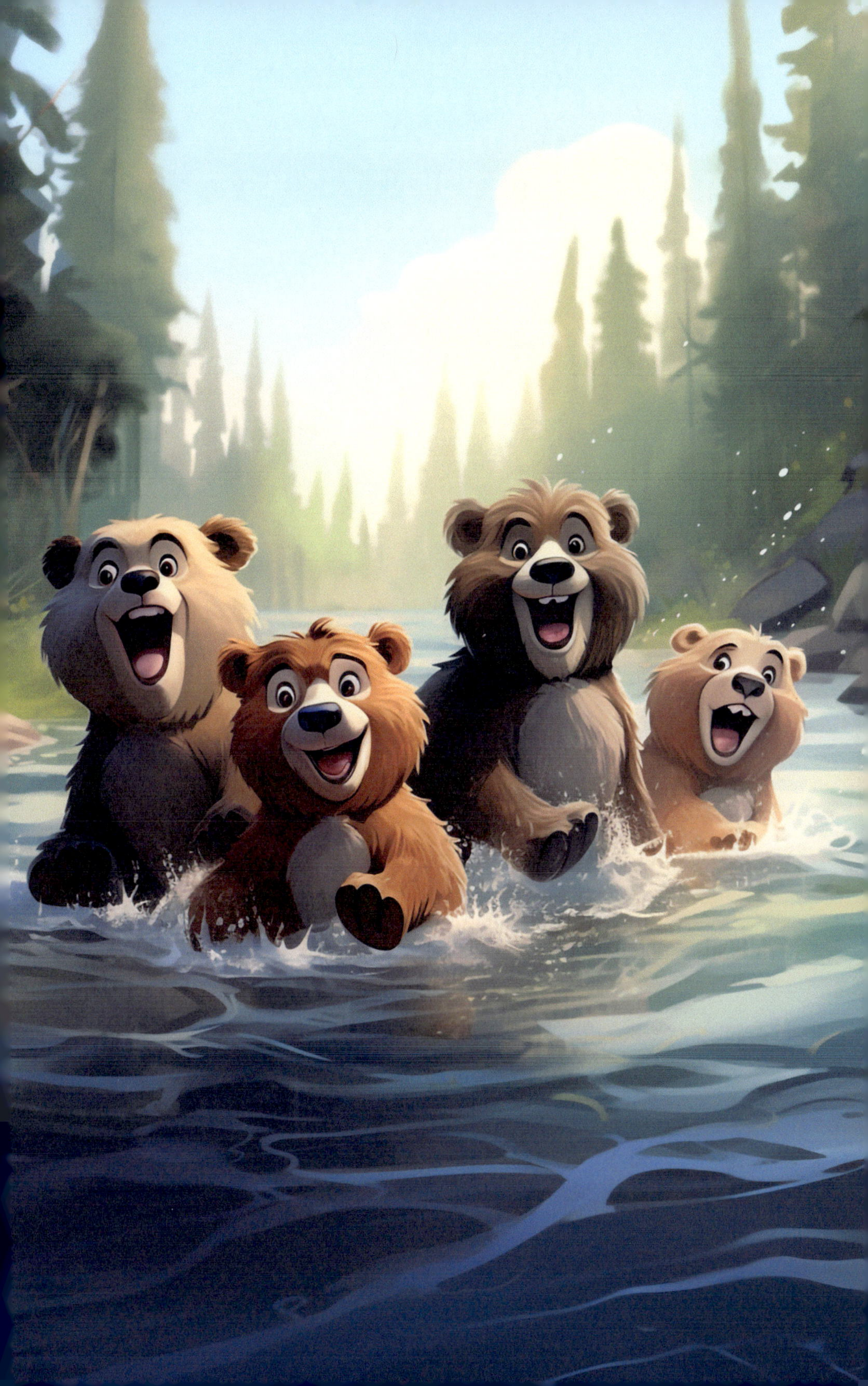

«ET VOILÀ, UN AUTRE JOLI GROUPE D'AMIS, DE BEAUX FAONS TOUS BRUNS...» DIT LE PETIT LOUP. «MIEUX VAUT QU'ILS NE ME VOIENT PAS, ILS TROUVERAIENT SANS DOUTE ÇA BIZARRE UN LOUP TOUT BLEU.»

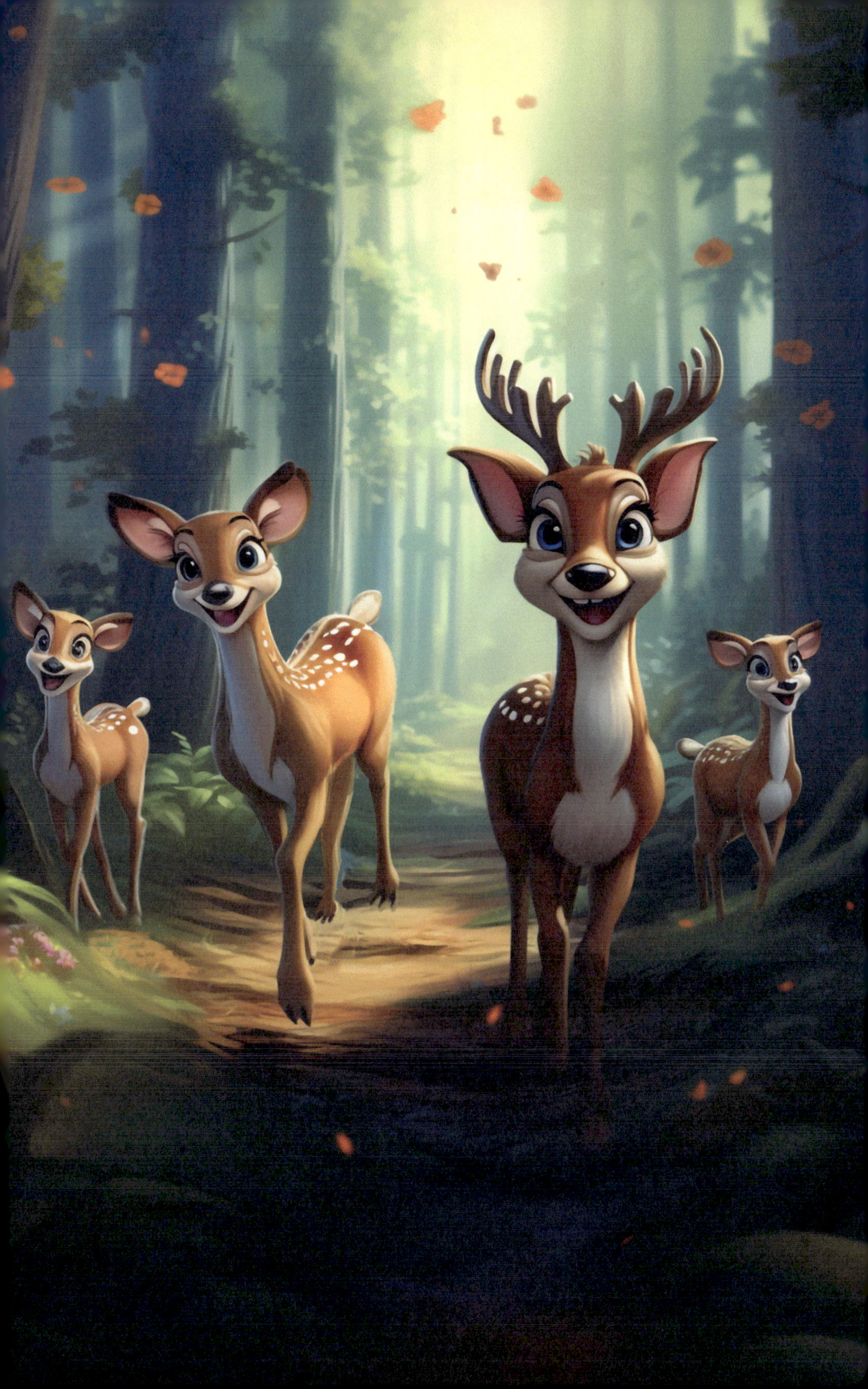

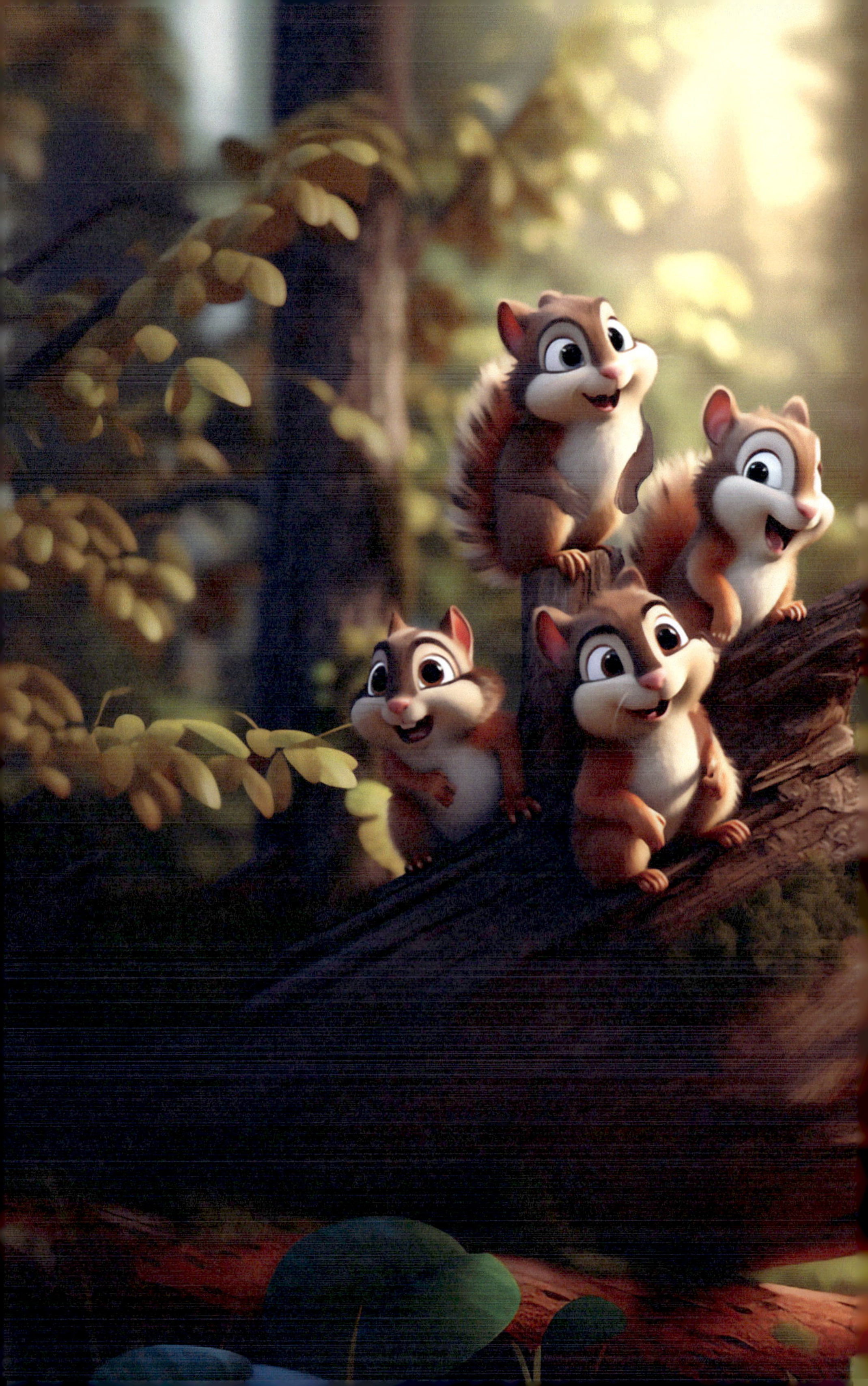

TOUS LES ANIMAUX QU'IL CROISAIT, GRANDS OU PETITS, AVAIENT TOUJOURS TOUS LA MÊME COULEUR. IL VIT MÊME DES ÉCUREUILS ADORABLES GRIMPER SUR UN TRONC TRÈS HAUT, MAIS EUX AUSSI ÉTAIENT TOUS PAREILS.

LE PETIT LOUP ÉTAIT VRAIMENT FATIGUÉ, IL S'ASSIT SUR UN ROCHER ET SE MIT À RÉFLÉCHIR.

«CHAQUE ANIMAL EST EXACTEMENT PAREIL QUE SES AMIS, ALORS JE NE PEUX PAS ÊTRE AVEC LES AUTRES DE MA MEUTE ! JE SUIS DIFFÉRENT D'EUX... POURQUOI VOUDRAIENT-ILS JOUER AVEC UN LOUP BLEU COMME MOI?» DIT PIKE AVEC UN PROFOND SOUPIR.

PUIS QUELQUE CHOSE DE TRÈS ÉTRANGE ARRIVA. ALORS QU'IL S'APPROCHAIT D'UN ÉTANG POUR SE RAFRAÎCHIR UN PEU, IL VIT DE DRÔLES DE GRENOUILLES VERTES. AU MILIEU D'ELLES, AVEC UN GRAND SOURIRE, IL Y AVAIT AUSSI UNE GRENOUILLE... BLEUE!

PIKE FUT TRÈS SURPRIS. «QU'EST-CE QU'UNE GRENOUILLE TOUTE BLEUE FAIT PARMI DES GRENOUILLES VERTES?» SE DEMANDA-T-IL.

ALORS LE PETIT LOUP S'APPROCHA DE LA GRENOUILLE BLEUE ET COMMENÇA À PARLER.
«SALUT GRENOUILLETTE, JE VEUX TE POSER UNE QUESTION. TU NE TROUVES PAS BIZARRE QU'UNE GRENOUILLE TOUTE BLEUE COMME TOI JOUE AVEC DES GRENOUILLES VERTES?»

«BIZARRE? POURQUOI? ON EST TOUTES COPINES, LA COULEUR N'A AUCUNE IMPORTANCE» RÉPONDIT LA GRENOUILLE AVEC UN SOURIRE. PIKE ÉTAIT SURPRIS, MAIS PAS ENCORE CONVAINCU.

ALORS IL DÉCIDA DE DEMANDER À UNE GENTILLE GRENOUILLE VERTE CE QU'ELLE PENSAIT DE LA COULEUR DE SON AMIE. LA GRENOUILLETTE SOURIT.

«PETIT LOUP, JE COMPRENDS BIEN TA QUESTION, MAIS LA COULEUR N'EST PAS UN PROBLÈME. EEN FAIT, ON ADORE NOTRE AMIE AUSSI GRÂCE À SA COULEUR BLEUE, ON LA TROUVE VRAIMENT UNIQUE... ET JE SUIS SÛRE QUE TES AMIS PENSERONT LA MÊME CHOSE DE TOI!»

APRÈS AVOIR REMERCIÉ LES GRENOUILLES, PIKE CONTINUA SON CHEMIN, MAIS CETTE FOIS-CI AVEC UN SENTIMENT DIFFÉRENT DANS LE CŒUR. GRÂCE AUX GENTILLES GRENOUILLES, IL AVAIT COMPRIS QUE SA COULEUR N'ÉTAIT PAS UN PROBLÈME ET IL AVAIT HÂTE DE RENTRER À LA MAISON.

«JE VAIS RETROUVER MES PETITS FRÈRES LOUPS GRIS, MAINTENANT JE SUIS SÛR QU'ILS JOUERONT AVEC MOI!» DIT-IL TOUT BAS.

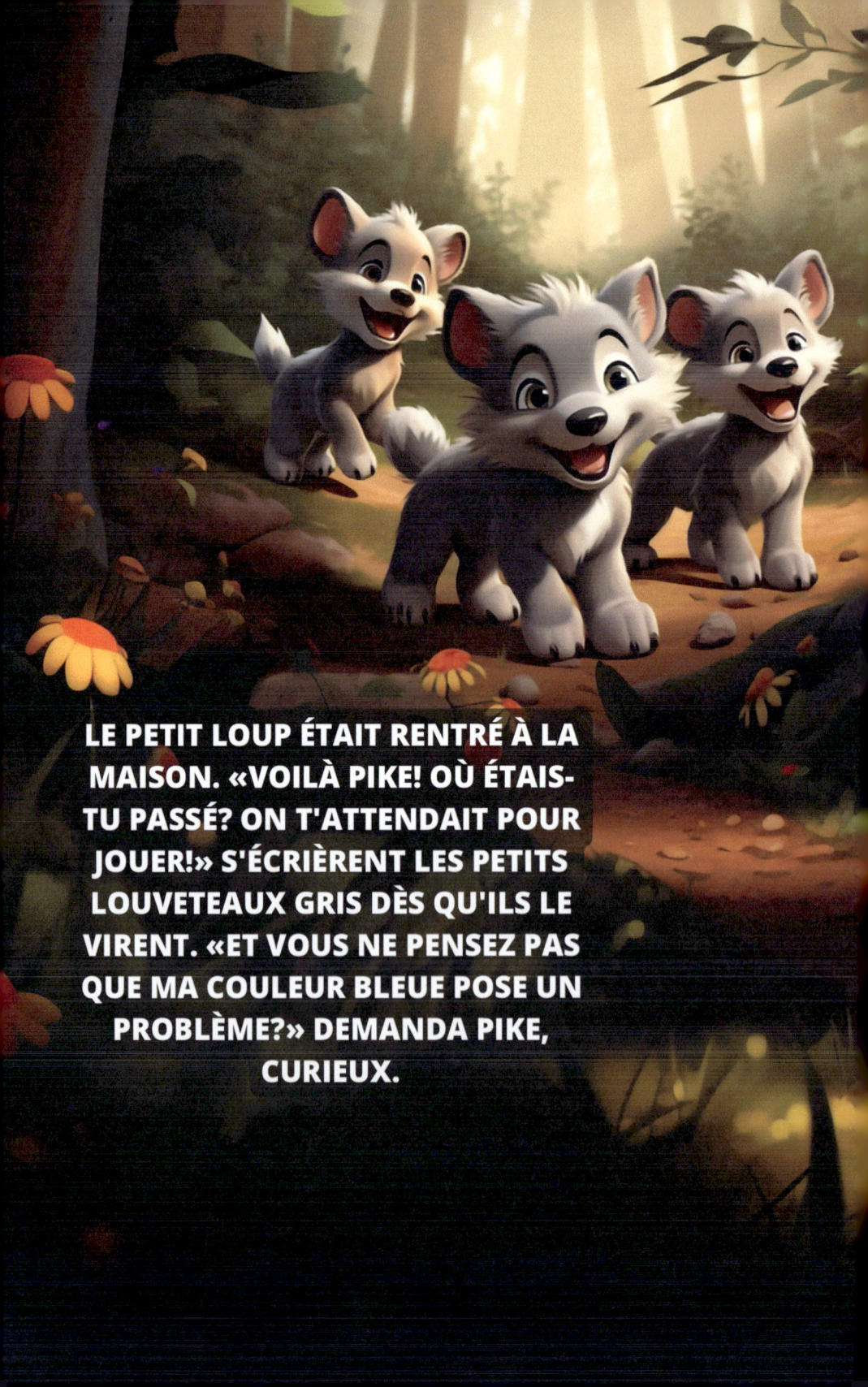

LE PETIT LOUP ÉTAIT RENTRÉ À LA MAISON. «VOILÀ PIKE! OÙ ÉTAIS-TU PASSÉ? ON T'ATTENDAIT POUR JOUER!» S'ÉCRIÈRENT LES PETITS LOUVETEAUX GRIS DÈS QU'ILS LE VIRENT. «ET VOUS NE PENSEZ PAS QUE MA COULEUR BLEUE POSE UN PROBLÈME?» DEMANDA PIKE, CURIEUX.

«UN PROBLÈME? PAS DU TOUT, POUR NOUS TA COULEUR EST SI BELLE ET SPÉCIALE!» RÉPONDIRENT SES PETITS FRÈRES.

PIKE ÉTAIT PLUS HEUREUX QUE JAMAIS. IL AVAIT JOUÉ TOUTE LA JOURNÉE, MAIS SURTOUT, IL AVAIT APPRIS UNE LEÇON TRÈS IMPORTANTE!

SA COULEUR ÉTAIT DIFFÉRENTE DE CELLE DE SES AMIS, IL N'Y POUVAIT RIEN, MAIS CE N'ÉTAIT PLUS UN PROBLÈME DU TOUT, AU CONTRAIRE! LE PETIT LOUP AVAIT COMPRIS QUE SA VRAIE BEAUTÉ SE TROUVAIT JUSTEMENT DANS CE PELAGE BLEU QUI LE RENDAIT SI DIFFÉRENT, UNIQUE ET SPÉCIAL!

NOUS AUSSI, NOUS AVONS APPRIS UNE LEÇON IMPORTANTE AUJOURD'HUI, N'EST-CE PAS??

AVEC LE PETIT PIKE, NOUS AVONS COMPRIS QUE NOS DIFFÉRENCES NE SONT PAS DES DÉFAUTS MAIS DES CARACTÉRISTIQUES QUI NOUS RENDENT UNIQUES.

PARFOIS, NOUS AUSSI, NOUS NOUS SENTONS DIFFÉRENTS ET MAL À L'AISE, PARFOIS NOUS PENSONS ÊTRE ÉTRANGES PARCE QUE NOUS SOMMES LES SEULS À AVOIR QUELQUE CHOSE. PEUT-ÊTRE QUE NOUS SOMMES LES SEULS AVEC LES CHEVEUX ROUX, OU LES SEULS AVEC DES LUNETTES, OU PEUT-ÊTRE QUE NOUS SOMMES LES PLUS GRANDS DE NOTRE GROUPE OU LES SEULS AVEC LES YEUX VERTS.

MAIS IL EST IMPORTANT DE SE SOUVENIR DE LA LEÇON DE NOTRE PETIT AMI LOUP ET DE NE PAS VOIR NOTRE DIFFÉRENCE COMME UN OBSTACLE IMPOSSIBLE À SURMONTER. ON DOIT SE RAPPELER QUE NOTRE VRAIE BEAUTÉ SE TROUVE JUSTEMENT DANS CES CHOSES QUI NOUS RENDENT DIFFÉRENTS, UNIQUES ET SPÉCIAUX!

**ET TOI, QU'EN DIS-TU?
QU'EST-CE QUI TE REND UNIQUE ET SPÉCIAL?**

UN CADEAU SPÉCIAL VOUS ATTEND !

VOUS AVEZ BIEN COMPRIS, J'AI DÉCIDÉ DE VOUS OFFRIR UN CADEAU SPÉCIAL CHER LECTEUR. IL EST GRATUIT ET SIMPLE À OBTENIR.

IL SUFFIRA DE SCANNER LE QR CODE AVEC L'APPAREIL PHOTO DE VOTRE TÉLÉPHONE ET VOUS OBTIENDREZ UNE AGRÉABLE SURPRISE !

OU VISITEZ LE SITE WEB : www.loupbleu.gr8.com
POUR TOUTE QUESTION, CONTACTE MOI À : camilla.storie@gmail.com

PRÊT POUR UNE

LE PETIT LOUP et son GRAND RÊVE
Camilla Rossi

QU'ELLES SONT BELLES, LES SAISONS!
Camilla Rossi

NOUVELLE AVENTURE?

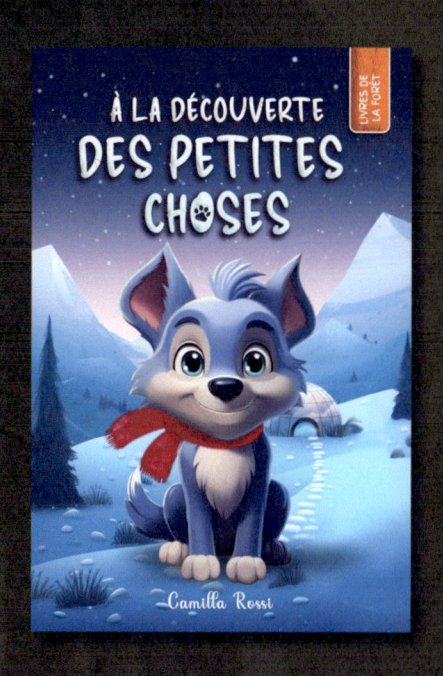

VENEZ DÉCOUVRIR TOUTES LES FANTASTIQUES AVENTURES DE PIKE, LE PETIT LOUP BLEU!

Printed in France by Amazon
Brétigny-sur-Orge, FR